T S R Q P O N

Comptines illustrées par :

Nadia Bouchama, pages 6-7, 30-31
Madeleine Brunelet, pages 10-11
Marie-Anne Didierjean, pages 18-19
Pierre Fouillet, pages 16-17, 32-33
Gérard Franquin, pages 24-25
Xavier Frehring, pages 26-27, 34-35
Anne Letuffe, pages 14-15, 22-23
Maria-Sole Macchia, pages 20-21, 38-39
Myriam Mollier, pages 8-9
Laurent Richard, pages 12-13, 36-37
France Sengel, pages 28-29, 42-43
Pascale Wirth, pages 40-41

 - ISBN : 2-08160200-8
Imprimé en France par P.P.O Graphic, 93500 Pantin - 09-2001 - N° d'impression :38411
Dépôt légal : octobre 2001 – N° d'éditeur (N°0200)
Loi n° 49-956 du 16 juillet 1949 sur les publications destinées à la jeunesse

Comptines de chats de Z à A

Pierre Coran

Illustrations :

Nadia Bouchama
Madeleine Brunelet
Marie-Anne Didierjean
Pierre Fouillet
Gérard Franquin
Xavier Frehring
Anne Letuffe
Maria-Sole Macchia
Myriam Mollier
Laurent Richard
France Sengel
Pascale Wirth

Père Castor
Flammarion

Zonzon-Musette

Le chat de Lisbonne
Joue du xylophone,

Le chat de Cuba
De l'harmonica,

Le chat du Québec
De la flûte à bec,

Le chat du Texas
De la contrebasse.

Le chat du Japon
Est au violon,

Le chat de Bruxelles
Au violoncelle

Et le chat de Chine
À la mandoline.

Quand les chats jouent
  devant les chattes,
Il pleut sur scène
  des tomates.

C'est logique !
Aucun ne connaît
  la musique.

Yé-Yé

1 2 3
4 5 6
7 8 9
0

Mon chat Yé-Yé
Danse une sarabande
Sur le clavier
De la télécommande.

Xylophone

Do, do, ré, mi
La chatte a mis

Fa, sol, la, si,
Des bigoudis.

Do, ré, mi, fa, sol, la, si, do,
Tous les chats lui font le gros dos.

Do, si, la, sol, fa, mi, ré, do,
La chatte a fui sous le piano.

Tchao !

Watteau

Le chat de la crémière
A mauvais caractère.

Si quelqu'un le câline,
Il devient blanc farine.

Si une main le mouille,
Il devient vert grenouille

Et jaune mimosa
Si vous tendez les bras.

Mais il joue l'angelot
Tombé du Paradis

Pour un seul berlingot
De crème Chantilly.

Vaurien

Ma tortue
S'est battue
Avec un chat persan.

Et depuis, elle boite,
Boite comme un pirate.

Le chat persan zozote :
Ses dents ont la tremblote.

Ma tortue
S'est battue
Avec un chat persan.

Aujourd'hui, – qui l'eût cru ? –
Ils ne se quittent plus.

Ulysse

Maille à l'endroit,
Maille à l'envers,

J'ai vu un chat
Qui tricotait
Un pull d'hiver.

Maille à l'endroit,
Maille à l'envers,

Il tricota
Son pull d'hiver
Tant, tant et tant

Que le chat disparut dedans.
Il avait tricoté le temps.

Tartuffe

Le rat sourit,
La souris rit

Car le chat dort.

Lors le rat sort,
La souris sort.

Charivari !

Le chat surgit,
La faim aux dents.

Quand un chat dort,
Il fait semblant.

Sultane

La chatte Sultane
Boit quatre tisanes :

Si la chatte est contente,
Elle boit de la menthe

Et boit de la verveine
Si elle a de la peine.

Dès qu'elle se sent seule,
Elle boit du tilleul

Et boit de l'aubépine
Pour avoir bonne mine.

Mais quand elle est en colère,
Elle brise la théière.

Rabat-joie

Le chat Rabat-joie
Mange le pain dur

Posé sur le mur
De la véranda.

Mais le coq s'en moque.
Cela l'indiffère.

Au pain il préfère
Les biscuits pour chat.

Quinconce

A, B, C, D, E, F, G, H,
Le chat s'est coupé les moustaches.

I, J, K, L,
Le chat chancelle.

M, N, O, P,
Q, R, S, T,
Il va tomber.

U, V, W,
Le chat s'est cassé la binette
Sur la moquette,
X, Y, Z.

Pacha

Dès midi,
Le chat lit

Sous le lilas.

Dès minuit,
Le chat lit

Sous le lit, là.

Dès l'aurore,
Il s'endort

Sur le lit, las.

Ouf

Il pleure, il pleure,
Il tourne en rond.

Le petit chat
Est sans maison.

Voilà que je passe par là.

Le petit chat
Ne pleure plus.

Il dort chez moi,
Sous le bahut.

Narcisse

Jamais je n'ai vu
Un chat aussi beau.

Il était poilu
Comme le chapeau

Des gardes-soldats
Qui font les cent pas

Devant le château
Royal d'Angleterre.

Jamais on n'a vu
Dans le temps jadis,

Un chat aussi fier
Que le chat Narcisse.

Moustache

La chatte Moustache
N’a plus qu’une oreille.

Elle dit partout
Que son autre oreille

Fondit au soleil
Un jour du mois d’août.

Ma chienne prétend
Que la chatte ment

Et que l’autre oreille
Fondit sous ses dents.

Lapalisse

Un chat chic s'éveilla et dit :

– Si un chat qui chique
N'est pas un chat chic,
Est-il chic, le chat
Qui ne chique pas ?

– Je n'en sais fichtre rien,
Lui répondit le chien.

– Moi, je n'ai pas d'avis,
Susurra la souris.

Et le chat chic se rendormit.

Kimono

Mon chat n'a pas peur
Des ratons laveurs,
Des pies, des tortues.

Mon chat ne craint guère
Les chats de gouttière,
Les oies en colère.

Jamais dans la rue,
Mon chat ne se bat :
Il est judoka.

Joufflu

Si un chat chute,

Si un chat chute
En parachute,

Si un chat chute
En parachute,
Choc chez les chattes !

Choc chez les chattes
Qui jouent du luth
Quand l'acrobate
Fait la culbute.

Idoles

Cinq chats admirables
jouent cartes sur table.

Le chat le plus chic
A choisi le pique.

Le chat le plus beau
A pris le carreau.

Trèfle pour le chat
le plus délicat

Et cœur pour la chatte
La plus délicate.

Le cinquième chat
N'a pas eu le choix.

Il s'est donc offert
Le joker.

Hilary

Il a ri, le chat,
Le chat Hilary,

Il a ri du rat,
Du rat qui s'est pris,

S'est pris dans les rets,
Les rets du ratier

Qui l'a emporté
Au fond du verger,

À la barbe, au nez
Du chat Hilary,

Du chat qui riait
Et qui n'a plus ri.

Girouette

Ma chatte a dit :
– Je fais la grève des souris.

Ma chatte a dit :
– Je fais régime et de la gym.

Pas une souris
Ne s'en réjouit.

Elles n'ont pas tort :
Ma chatte ment comme elle mord.

Falbala

Comme les chameaux,
Le chat Falbala
Ne boit que de l'eau.

Comme les bouddhas,
Il fait du yoga,
Le chat Falbala.

Le chat Falbala
A de qui tenir :
Il est le chat d'un fakir.

Escamote

J'ai donné ma langue au chat
Il ne me l'a pas rendue.

Il a filé dans la rue
Où il n'y a plus un chat.

Plus question de patienter !
J'ai d'autres chats à fouetter.

Dandy

As-tu vu, entendu
Le minet m'as-tu-vu

Qui dans le bois ulule,
Ulule tant et plus ?

Pourquoi le m'as-tu-vu
Fait-il un tel chahut ?

Le minet qui radote
Se croit une hulotte.

Chatouille

Un chat
Chatouille
Un chien.

Tiens, tiens !

Le chien chatouillé
Chatouille le chat
Qui l'a chatouillé.

Parfait !
Et après ?

Après, ils rigolent
Comme deux guignols
Sous le vieux pommier.

Berlue

Un chaton voit
Un autre chat,

Un autre chat
Qui lui ressemble.

Même tête,
Même regard,

Moustaches raides,
Pattes qui tremblent.

Le jeune chat
Peut-il savoir

Qu'il s'aperçoit
Dans un miroir ?

Aramis

La dame aux chats
En a vingt-six.

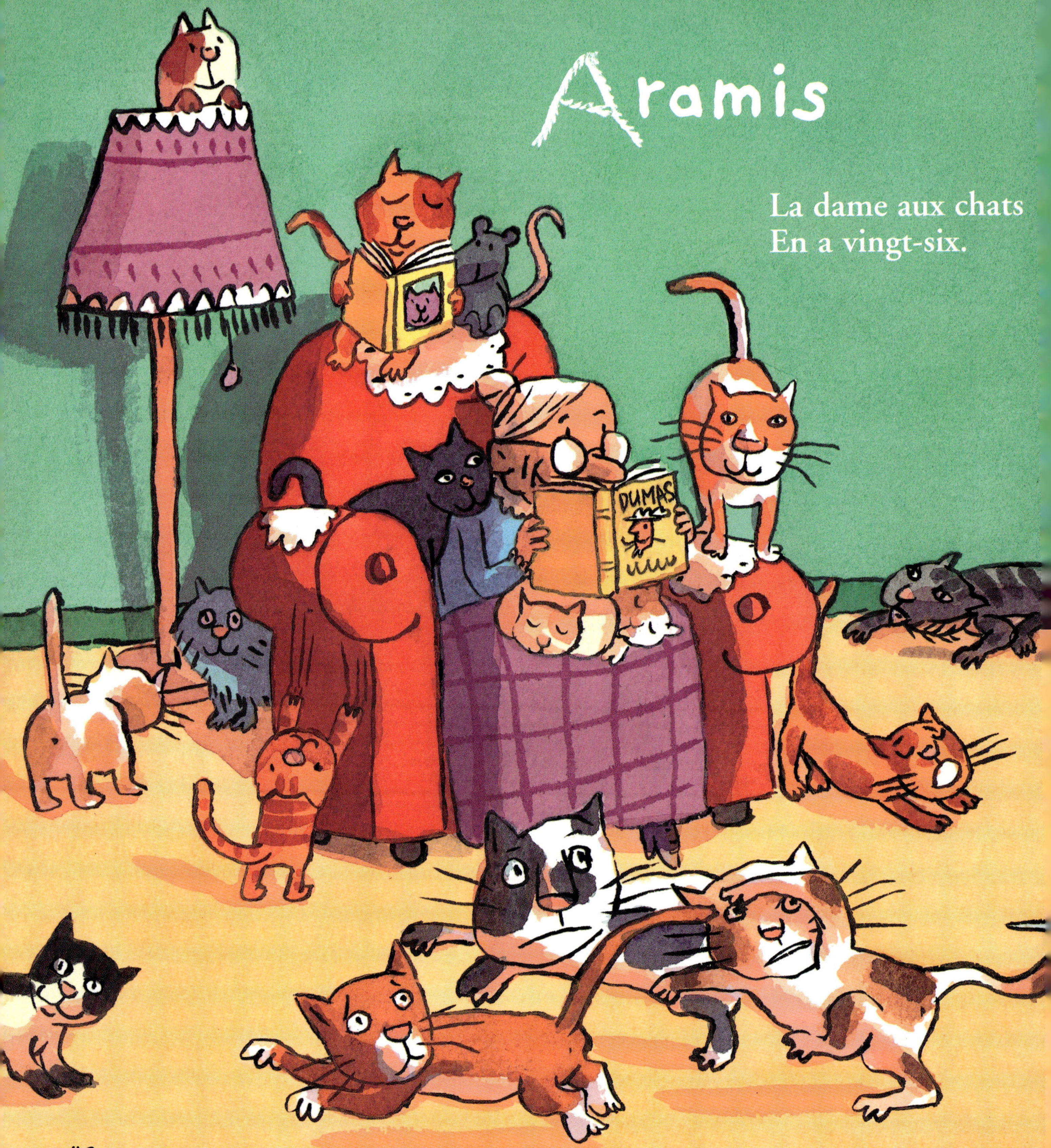

Le plus sympa
Est Aramis.

Il a des airs
De mousquetaire.

Vous savez donc pourquoi
Aramis est le chat

Que la dame préfère
Aux autres pensionnaires.

Sommaire

M L K J I H